una guida semplice per

DIVENTARE RICCHI CON POCO

LIBRO SCRITTO PER SCOPO
DIVULGATIVO E SOCIALE

Come guadagnare un milione di Euro
Guida all'azione

Se consideriamo il guadagno come uno sport, allora quasi tutti gli adulti praticano questo sport e cercano di guadagnare quanti più soldi possibile. Molti sognano e pensano a come guadagnare un milione di Euro. Questo è un sogno di tutti, anzi, sta diventando quasi l'ossessione di molte persone.

Tante volte ci capita di vedere moltissimi attori, cantanti, influencer e molti altri, che fino a qualche mese prima erano persone normalissime che lavoravano in aziende, negozi, fabbriche e altro. Invece con internet e con le nuove tecnologie TUTTO E' CAMBIATO.

I campioni del fare soldi sono una lista infinita di persone che grazie alla loro determinazione hanno cambiato il loro stile di vita. Qualcuno si sta appena avvicinando al suo obiettivo e qualcuno è proprio all'inizio del percorso. In questa breve guida, forniremo dei suggerimenti e passaggi pratici sulla strada per un milione di Euro.

Insomma, devi lavorare 80 ore a settimana, correre rischi, sacrifici, affrontare difficoltà, ma questo è abbastanza reale. È possibile guadagnare un milione di Euro in qualsiasi paese del mondo, compresa l'Ucraina. Pertanto, hai tutte le possibilità.

Segui attentamente i consigli pratici di coloro che hanno già guadagnato il loro milione e sono andati così fino alla fine. Una persona può passare da zero a un'azienda da un milione di Euro. Siamo motivati e istruiti, quindi condividiamo con te. Ma un milione in Italia e un milione in Ucraina sono cose diverse, quindi faremo affidamento sulle nostre realtà.

Calcoliamo quali percorsi sono sbagliati e come non fare un milione di sicuro. È possibile accumulare l'importo richiesto e quanto tempo ci vorrà. Ti mostreremo la strada giusta, e poi tutto dipende da te. La maggior parte della guida riguarderà l'imprenditorialità perché è uno dei modi più probabili per guadagnare un milione di Euro. Non tutti siamo grandi atleti e musicisti. Ma molte persone possono trarne beneficio.

Quante persone hanno già guadagnato un milione di dollari

Secondo un report recentissimo fatto in America, Francia e Italia, il numero di milionari in Euro e Dollari nel mondo è in costante aumento. Nel 2006 erano solo 8,7 milioni.

Nel 2022 erano già contate da 51,2 milioni di persone, e negli anni il numero è in continua crescita. Queste sono persone le cui attività finanziarie sono stimate in oltre € 1 milione.

La quota di persone facoltose con un patrimonio superiore a 500 mila Euro è il 9,5% della popolazione totale del pianeta. La maggior parte dei milionari negli Stati Uniti - circa 17 milioni di persone. Non ci sono statistiche esatte per l'Ucraina, ma secondo gli esperti nel nostro paese vivono circa 190.000 milionari. Immagina solo 190mila milionari in Ucraina e in paesi poveri. Forse è molto difficile con la situazione attuale in tanti paesi, ma non è impossibile generare entrate milionarie nel mondo.

Quali sono gli atteggiamenti per riuscire a raggiungere facilmente l'obbiettivo?

Se dici solo un milione di Euro, sembra molto. Ma se pensi diversamente, è percepito un po' più facilmente. Hai mai tenuto in mano mille Euro? Probabilmente sì.

Quindi, un milione di Euro è solo un migliaio di questi pacchetti di soldi. Solo mille mila e sei un milionario. Tutti avevano sicuramente 100 Euro nelle loro mani, e se ti muovi a piccoli passi, allora è gradualmente possibile raggiungere un milione e più.

Essendo in questa fase, non puoi guadagnare un milione in 1 giorno, ma se ci vai gradualmente e intenzionalmente, alla fine puoi avere successo.

Potrebbero volerci 5, 10 o 15 anni o più. In casi eccezionali, le persone guadagnano un milione di Euro in un solo anno accumulando capitale da zero, tutto dipende dal tuo spirito d'iniziativa, dalle tue capacità, dal tuo spirito imprenditoriale e sulla tua determinazione. Niente è impossibile, se ci metti impegno e lavoro continuo. Ricordati, non esistono soldi facili, ma soldi guadagnati.

Come puoi guadagnare un milione di Euro

La cosa principale da capire è che puoi guadagnare solo un milione di Euro. Molto probabilmente non sarai in grado di accumularlo o riscuoterlo dal tuo stipendio. Si tratta di somme troppo elevate da accantonare per risparmiare da un lavoro regolare.

Come minimo, il lavoro dovrebbe essere con guadagni di 10-15 mila Euro al mese. Anche se guadagni 1000 euro al mese e metti da parte l'intero importo, ti ci vorranno 1000 mesi o 83 anni per raccogliere un milione.

Probabilmente non vivrai abbastanza per vedere un milione con quel tipo di matematica. Pertanto, se vuoi guadagnare un milione di Euro, devi creare una fonte di reddito con un potenziale molto maggiore di uno stipendio di mille euro al mese. A tal proposito ti consigliamo di leggere attentamente anche il testo che abbiamo scritto su come guadagnare soldi per un appartamento e quale importo è necessario per questo. Quindi, ricapitolando tutto, abbiamo calcolato che mille euro al mese non raggiungeresti mai l'obbiettivo di questa guida, ma possono bastare per chi vuole comprare casa. Infatti, 1000 euro al mese da parte per 5 anni possono permetterti di acquistare e guadagnare con un appartamento in tante parti d'Italia e nel mondo. Ma nel caso di un milione di euro, hai bisogno di molta più determinazione e non fermarti a piccoli obbiettivi come questo.

Quindi, per raggiungere questo benedetto milione di Euro dobbiamo avere un approccio completamente diverso e di altri guadagni.

STATISTICHE DI PERSONE
CHE SI SONO ARRICCHITE IN ITALIA

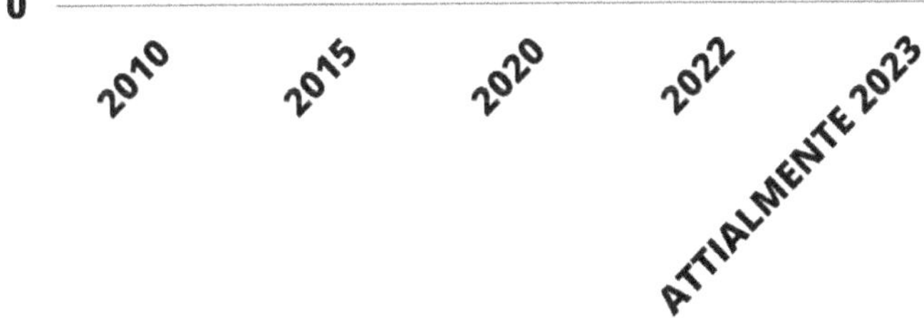

Il grafico della ricchezza in Italia

Il grafico che abbiamo visto nella pagina precedente dimostra come le possibilità di essere ricchi in Italia è possibile. Infatti, le statistiche ci dicono che siamo in forte crescita.

Nella pandemia avevamo registrato un leggero calo dei consumi, ma era solo l'inizio di una forte ripresa economica che sta generando entrate e fortissime possibilità di diventare milionari.

Tante cose ci fanno paura, ad esempio: la guerra, la pandemia o tantissime altre situazioni che ci tengono chiusi in un guscio di povertà assoluta.

Se noi riusciamo a capire il valore di una forte emergenza mondiale, allora capiremo il potere economico che si nasconde dietro a tutto questo.

Il motivo della povertà mondiale è solo uno. Quello della mancanza di spirito imprenditoriale che ci rende capaci di sviluppare nuove idee e modi di guadagno ancora non collaudati da tante aziende. Non si tratta di utopia, ma di pura realtà imprenditoriale. Tutto dipende dalle capacità e dalle idee che possono nascere dentro di noi.

Grafico con dati di crescita nel mondo durante la pandemia e la guerra

I dati in questo grafico ci dimostrano come nel mondo, soprattutto in Italia e America, tutti i consumi sono aumentati a dismisura. Niente viene lasciato fuori, ma tutto può favorire il nostro obbiettivo.

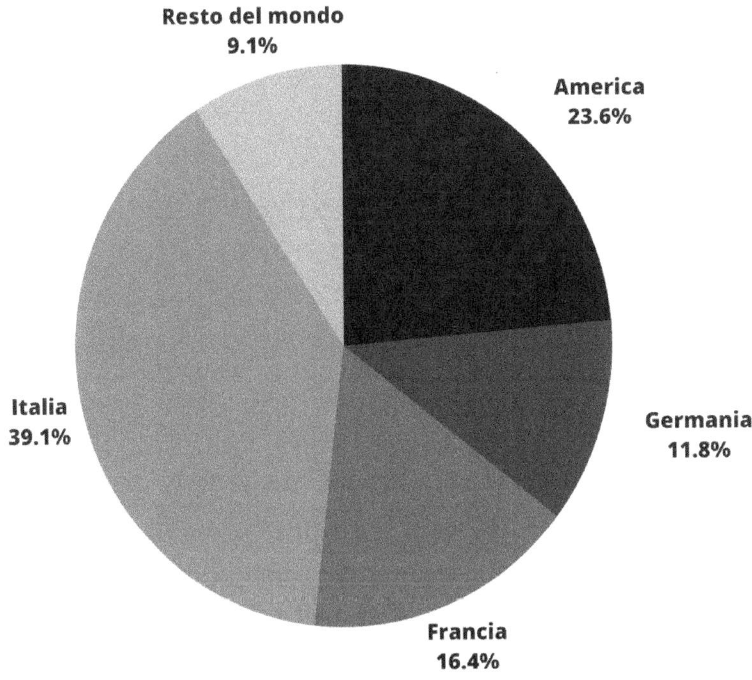

Il mondo ci sta offrendo ancora una volta una grandissima opportunità di guadagno.
Il riscatto imprenditoriale è ancora possibile, anzi, è molto più fattibile di quanto pensi.

Allora quali sono i modi per guadagnare un milione di Euro nel tempo

Se vuoi guadagnare un milione di Euro, tema della nostra guida, è molto importante scegliere la strada giusta fin dall'inizio. Ogni professione e occupazione ha il proprio potenziale di crescita.

In ogni caso, i grandi soldi li guadagnano coloro che hanno avuto successo nel loro settore e sono stati in grado di ottenere un successo significativo.

Non c'è un solo modo per arrivare a un milione, ce ne sono molti. Devi solo trovare il tuo. Qui è giusto farci una piccola domanda significativa. Chi sono quelli che oggi nel mondo guadagnano un sacco di soldi:

- I migliori atleti, musicisti, artisti, scrittori, politici e tantissimi influencer web;
- Dipendenti assunti di primo livello: come tutti i dirigenti e direttori di grandissime aziende;
- Imprenditori e rappresentanti di imprese.

Quindi, devi valutare correttamente le tue capacità e scegliere la giusta direzione.

Non devi farti prendere in giro da promesse di guadagni supersonici su internet con tecniche da "bambini" come vediamo in numerosi video sui social, quelli non ti porteranno mai una ricchezza, ma solo una perdita di tempo e soldi.

Per raggiungere l'obbiettivo di un Milione di Euro, è molto importante scegliere un modo reale di guadagno. Secondo me, dovresti iniziare da una cosa che ti piace e da cui sei attratto, perché solo così puoi raggiungere il successo.

Se il tuo impiego non ti dà piacere, lascerai rapidamente la tua attività e dovrai tornare all'inizio. Se hai sempre sognato di fare musica, scrivere un libro o diventare un attore, allora provaci. Segui il tuo sogno.

Se sei attratto dallo sport e sei sicuro delle tue capacità, impegnati a diventare protagonista di te stesso nello sport. Devi diventare uno dei migliori al mondo nella disciplina che hai scelto. Solo i migliori nel loro campo guadagnano milioni. Infatti, il miglior pugile, giocatore di football, giocatore di scacchi del mondo: guadagnano tutti milioni di Euro l'anno. Ma serve talento, se non c'è talento e perseveranza, allora non devi nemmeno iniziare. La fiducia in se stessi è importante. Però dobbiamo sottolineare anche che hai ancora bisogno di molte altre qualità di una persona di successo per arrivare ad un milione di Euro.

Prima di tutto bisogna essere determinati. Questo è il punto più importante. Infatti, molti abbandonano il sogno alla prima difficoltà. Sono in tanti che gettano la spugna se all'inizio i risultati non sono soddisfacenti, ma questa per noi si chiama: imprenditoria costruttiva.

Nessuno può e deve pretendere soldi facili, perché quel tipo di denaro lo fanno mafiosi, truffatori e figli di papà. Noi dobbiamo concentrarci sulle nostre capacità, senza cercare sotterfugi tante volte illegali.

Il lavoro salariato come modo per guadagnare un milione di Euro subito

Se non hai un talento naturale, e non hai sviluppato capacità importanti nello sport o nell'arte e non sei interessato a queste aree, allora c'è ancora l'area di un dipendente assunto e la crescita verso una posizione di vertice.

Analizza se hai una tale opportunità. Se c'è questa possibilità dentro di te e nel tuo cuore, allora puoi farcela, perché anche un dipendente assunto potrebbe diventare milionario.

Steve Ballmer è un ex CEO di Microsoft. È entrato in azienda nel 1980 e nel giro di 20 anni è stato promosso a CEO. Nei successivi 14 anni, dal 2000 al 2014, ha guadagnato così tante stock option per la società che ora vale 33 miliardi di dollari.

Questo è l'esempio più eclatante e famoso di come un dipendente sia diventato non solo milionario, ma miliardario.

Si parla moltissimo in questo periodo di Ucraina e guerra. Devi sapere che in tante realtà ucraine, una crescita così impressionante potrebbe non essere possibile in questo momento di forte incertezza e guerra. Ma dobbiamo capire che un giorno la guerra finirà, allora il business in Ucraina scoppierà come una bomba atomica, perché favorirà numerose opportunità di crescita e sviluppo non solo per l'Ucraina, ma per il mondo intero.

Adesso potresti non diventare un miliardario investendo sull'Ucraina, ma bisogna avere una mente che vede aldilà di quello che sta accadendo in questo momento, perché in un prossimo futuro tutto può cambiare, quindi, l'Ucraina può diventare quasi sicuramente una possibile fonte inesauribile per guadagnare un milione e molto di più.

APPUNTA DELLE TUE CONSIDERAZIONI QUI

Chi può salire la scala della carriera e guadagnare un milione

La cosa più importante è diventare un dipendente molto importante per l'azienda e con il quale si guadagna di più. Devi investire sulle tue capacità.

Certo, non è vedere film di Fantozzi che ci faranno raggiungere certi obbiettivi, ma da noi deve sparire proprio lo spirito di essere ultimi e inferiori. Tutti dobbiamo puntare a diventare qualcuno, essere considerati e valorizzati nel mondo imprenditoriale, solo così riuscirai a portare dei risultati e moltissimi guadagni all'azienda che investe su di te e sul tuo futuro.

Questo passaggio richiede moltissima fatica, auto stima e soprattutto determinazione per arrivare all'obbiettivo finale: diventare milionario.

Certo, non è sempre così, ma i vertici di molte grandi aziende sono milionari. Sì, puoi essere licenziato prima, sì, potresti non crescere e rimanere in una posizione mediocre, sì, ci vorrà tanto tempo, ma se ritieni di essere un impiegato assunto e gli affari non fanno per te, allora hai solo 1 modo: crescere e diventare il migliore nel tuo campo. In questo percorso potresti incontrare una grande delusione quando hai creduto e investito tutte le tue forze nell'azienda, e sei semplicemente licenziato dopo 10 anni, sostituito da un nuovo dipendente.

Ma tali sono le regole del gioco e tale è il mercato. Se ci sono persone più economiche e più produttive, il dipendente viene sostituito con uno nuovo.

Se vuoi che tutto dipenda solo da te, allora sei in affari. Il lavoro salariato può portare al successo, ma il risultato dipende non solo da te, ma anche da chi punta su di te e sul tuo operato, che di solito non si preoccupano dei tuoi sogni, ma dei loro affari.

Quindi, devi imparare a ragionare come loro, essere come loro, percepire il mondo come loro, diventare invadenti come loro e avere un forte senso degli affari come loro.

Solo così riuscirai a far valere la tua voce, per poi scalare le vette di un settore che ti permetterà di diventare milionario e super ricco.

Un esempio di come un marinaio dipendente può diventare milionario con il suo lavoro

Dato che viviamo in un mondo immerso dal mare, possiamo parlare di marinai. Hai mai pensato che un bravo marinaio arrivato ai vertici della professione possa diventare milionario?

Ci sono due posizioni sulla nave che ricevono un compenso da capogiro: il capitano e l'ingegnere capo. Questo è l'apice della professione di marinaio. In termini di gerarchia, il capitano è più importante, ma in termini di denaro è più o meno lo stesso.

Ci sono voluti circa 15 anni per raggiungere la posizione più alta. In questa posizione, entrambi guadagnano circa 10-12 mila euro al mese. Chi più, chi un po' meno. Dipende dal tipo di nave e dalla compagnia in cui lavorano.

Diciamo che lo stipendio è di 12mila euro e un marinaio vive con 2mila. Sogna di diventare milionario ed è pronto a risparmiare 10mila al mese.

Di conseguenza, il capitano o l'ingegnere capo diventeranno milionari in euro in soli 100 mesi o

8,5 anni in mare. Ma nessuno va per mare da anni, quindi ci vorranno 12-15 anni per arrivare a un milione. Che ne valga la pena o meno sono affari di tutti, ma potenzialmente un marinaio da zero in 25-30 anni può guadagnare un milione di Euro con il proprio lavoro.

Non stiamo parlando delle qualità di cui un marinaio aveva bisogno per raggiungere i vertici della professione. Questo è sicuramente un uomo che ha lavorato molto duramente.

Abbiamo appena dimostrato che un milione di euro, con la dovuta perseveranza e fiducia in se stessi, è del tutto possibile. Hai solo bisogno di guadagnare di più. Un marinaio può guadagnare un milione di euro e diventare milionario, così molti altri lavori nel mondo.E non abbiamo nemmeno menzionato gli stipendi più alti. Se vediamo un capitano di una nave da crociera, allora lì i guadagni arrivano fino a 30 mila euro al mese. Un tale marinaio guadagnerà un milione in soli 33 mesi o 2,8 anni. Pensi ancora che non sia realistico guadagnare un milione come dipendente assunto? È abbastanza reale, ma solo per quelle persone che sono pronte a diventare le migliori nel loro campo e hanno scelto la strada giusta.

Perché tutte le persone scelgono di essere un dipendente e non imprenditori

Come abbiamo capito, un dipendente assunto può guadagnare un milione di Euro in contanti per un certo periodo di tempo.

Allora qui voglio rivolgervi una domanda davvero importante per tutti:

Perché è bello essere un dipendente e perché non tutti dovrebbero entrare in affari?

Quando sei un dipendente assunto, non hai praticamente alcun rischio. Non rischi nulla, tranne che perdere il lavoro, ma questo rischio non è terribile, dato che puoi sempre trovare un nuovo lavoro.Un dipendente assunto non ha paura delle tasse, della concorrenza e dei cambiamenti del mercato. Il suo lavoro termina alle 18:00, dopodiché si occupa dei suoi affari e non pensa affatto al suo lavoro.

40 ore settimanali e nessun rischio. Pertanto, molte persone scelgono il lavoro salariato semplicemente perché è più facile e senza problemi. Si chiama stabilità, ma è quello che vogliamo?

Non credo affatto che l'uomo sia nato per accontentarsi del poco. No! La sua natura è quella di diventare sempre più importante, non è quella di restare in un sottoscala come il noto Ragioniere Ugo Fantozzi.

Se pensi questo, allora sottovaluti le tue capacità di crescita e di opportunità per diventare ricco e qualcuno. Chi si accontenta, non scalerà mai le vette della propria azienda, anzi, resterà sempre un mediocre dipendente senza nessuna speranza e senza collo sulle spalle.

Credo fermamente che nel nostro cuore non c'è questo tipo di futuro, ma sicuramente vogliamo anche noi un futuro radioso per noi e per la nostra famiglia.

Quindi dobbiamo impegnarci per raggiungere gli obbiettivi senza alcun problema, mettendo fuori tutto il nostro potenziale e senso degli affari.

Gli affari di oggi come un modo per guadagnare con il tempo un milione di Euro

Gli affari e l'imprenditorialità non riguardano la stabilità e la tranquillità. Dovrai lavorare molto di più che in un lavoro assunto. I rischi aumentano di dieci volte e non ci sono garanzie che avrai successo.

Il 95% delle aziende chiude nei primi anni, perdendo tutti i propri soldi. Solo il 5% ha successo e sopravvive nel proprio settore. Come diventare un imprenditore:

Non stiamo parlando del negozio di alimentari. Questa è una piccola impresa e più lavoro autonomo. Non puoi guadagnare un milione di dollari con questo. I rischi, ovviamente, sono presenti, ma non così significativi come nella fondazione di una grande azienda.

Ma tutto ciò che era grande una volta era piccolo. Pertanto, è meglio provare una piccola impresa e iniziare con un lavoro autonomo.

Andare avanti, aumentando gradualmente il fatturato dell'azienda. A lungo termine, in questo modo puoi provare la tua idea e, se ha successo, iniziare a scalare, assumere dipendenti e aumentare i profitti. Gli imprenditori e le imprese sono la spina dorsale dell'economia di qualsiasi paese.

Creano posti di lavoro e pagano le tasse. È anche probabile che tu lavori per un imprenditore, a meno che tu non abbia una posizione governativa.

Secondo i risultati della ricerca, ci sono solo il 5,7% degli imprenditori nel mondo. Queste sono persone che credono di poter cambiare il mondo e lo stanno cambiando. Ma non tutti saranno in grado di guadagnare un milione con l'imprenditorialità.

Gli imprenditori si assumono tutti i rischi, rischiano tutta la loro proprietà e denaro per realizzare i loro piani. Mettono tutto sulla loro idea, spesso non hanno paura di perdere e, se necessario, ricominceranno da zero.

Ogni giorno un imprenditore pensa a come sviluppare un business, come migliorarlo, come proteggersi dai concorrenti, come vincere. È sotto costante pressione da parte dello Stato, del fisco, dei concorrenti e corre rischi in molti modi.

Dipendenti, fornitori, l'idea stessa: l'imprenditore ha dozzine di rischi.

È dovuto al fatto che non tutti sono pronti ad assumersi la responsabilità dell'azienda, del personale assunto, dell'attuazione dell'idea e l'imprenditore ha l'opportunità di guadagnare un milione di Euro.

Questa è la ricompensa per il rischio. I soldi non arriveranno immediatamente, ma se la tua azienda sopravvive ed è tra il 5% di successo, alla fine arriverà un milione di Euro.

APPUNTA DELLE TUE CONSIDERAZIONI QUI

Per cosa vengono pagate le persone?

Le persone ottengono denaro per il beneficio che portano a questo mondo e alle persone che li circondano. Se lavori al lavoro, avvantaggi l'imprenditore e vieni pagato per questo. Se lavori in una posizione pubblica, avvantaggi lo stato.

Un altro problema è che lo Stato non sempre apprezza il lavoro delle persone. Più valore puoi portare, maggiori sono le tue possibilità di guadagnare di più.

Le grandi aziende portano molti vantaggi. Ad esempio, il negozio online Amazon. Tutti lo conoscono e molte persone lo usano. Milioni di persone acquistano merci attraverso questo negozio, quindi il proprietario aiuta milioni di persone nel mondo ad acquistare ciò di cui hanno bisogno.

Ora, anni dopo, la fortuna del fondatore di Amazon, Jeffrey Preston Bezos, è stimata in circa 115,5 miliardi di dollari, e l'attività è iniziata con poco. Più puoi portare valore alle persone intorno a te e più puoi assumerti la responsabilità di tutto ciò che accade, più soldi puoi guadagnare. Aiuta milioni di persone in alcune zone e diventerai un milionario.

Questa è semplice matematica. Da un cliente, ad esempio, guadagni un euro, quindi hai bisogno di un milione di clienti e avrai un milione di euro. L'azienda ha bisogno di scalare per fare un sacco di soldi.

Quanto lavoro e tempo ci vuole per arrivare ad ottenere un milione di Euro

La domanda è davvero importante, che molti ci fanno: quanto lavoro ci vuole per avere successo?

Per guadagnare un milione di Euro, dovrai lavorare 2 volte di più: 80 ore a settimana. Ma questa non è una garanzia, aumenterà semplicemente le tue possibilità.

Potresti pensare di dover lavorare non più in tempo, ma con la tua testa. Quindi è di questo che stiamo parlando: lavorare con la testa e 80 ore a settimana. All'inizio, senza giorni di ferie e ferie, dedicando tutto il tempo e tutte le forze alla realizzazione dell'idea e del progetto.

Poi arriverà un milione e potrai guadagnarlo. Non è così importante quanto tempo hai dedicato all'implementazione, è importante cosa hai fatto esattamente e quanto impegno ci hai messo.

Se ti siedi solo 80 ore alla settimana e fai un lavoro inutile, non guadagnerai un milione. Abbiamo bisogno di un lavoro mirato, produttivo, di lavoro per i risultati. Che aspetto ha il percorso per guadagnare un milione di Euro:

- Buona idea;
- Piena dedizione alla realizzazione dell'idea;
- Fede, lavoro e lavoro senza sosta per il risultato

Le qualità di un imprenditore si possono elencare a lungo, ma le principali sono la capacità di assumersi la responsabilità e non arrendersi in quei momenti in cui sembra che tutto sia già perduto.

Cadrai e va bene. Ma non importa quante volte cadi, ciò che conta è che ogni volta sei riuscito a rialzarti e continuare la tua strada verso l'alto.

Qualità per fare un milione di Euro

Come hai già capito, senza un temperamento speciale, qualità personali e perseveranza, sarà difficile raggiungere un milione. Ma tutto è in tuo potere e puoi diventare milionario.
Tutto dipende da te.

Elenchiamo brevemente queste qualità:
1. La capacità di convincere;
2. Capacità di leggere (valutare) le persone;
3. Capacità di condividere la ricchezza;
4. Ottimizzazione del lavoro;
5. Reclutamento;
6. Gestione dell'energia;
7. Capacità di analizzare i problemi;
8. Organizzazione del tempo;
9. Gestione del capitale;
10. Sii aggressivamente paziente;
11. Erudizione e auto sviluppo;

È impossibile dire quale di queste qualità porti a milioni di Euro. Lavorano tutti insieme ed è il loro uso corretto che porta al risultato desiderato. È anche importante combattere le qualità negative che ti trascinano verso il basso e ti impediscono di fare soldi.

Brevemente sulle qualità negative di un imprenditore che gli impediscono di guadagnare un milione di Euro:

1. Ti stai prendendo in giro;
2. Ti consideri davvero un Musk o un Jobs?
3. Sei sicuro di sapere tutto?
4. Non sei amico del denaro;
5. Sei troppo arrogante;
6. Pensi che la tua idea sia unica?
7. Ti fai prendere dal panico facilmente;
8. Cerchi un equilibrio tra lavoro e vita privata?
9. Cerchi soldi facili?
10. Non sopporti sbagliare.

Ma è meglio non solo sfogliare gli elenchi, ma guardare attentamente dentro di noi, dedicando il proprio tempo libero a questo. Questo è il tuo sviluppo e un'opportunità per capire come guadagnare ancora un milione di Euro. Questo è un percorso molto eccitante e interessante.

Puoi crescere moralmente e la strada per un milione ti renderà una persona completamente diversa. Perché quello che sei ora non ha un milione, ma se cambi, molto probabilmente il successo ti aspetterà.

Perché l'imprenditorialità è un buon modo per guadagnare un milione di Euro

Dipende tutto da te. Decidi tu se avrai un milione di Euro o meno. Perché sta a te scegliere se guardare un film comico oggi e andare in un bar o sederti a lavorare e muoverti un po' verso il tuo sogno.

Devi stabilire gli obiettivi e le priorità giuste. Se il tuo obiettivo è un milione di euro in contanti, allora devi cambiare vita e uscire dalla tua zona di comfort. Il successo è oltre la tua comodità in questo momento.

Un milione in cui sarà spaventoso, doloroso e difficile per te. Ma è dopo tutte queste prove che arriva la sensazione che ci sei riuscito e che potresti. Arriverà una sensazione di successo e gioia, che, ci sembra, vale la pena passare attraverso questo permesso.

Confronta questo con scalare una montagna. L'Everest da ottomila è un miliardo di euro. Ma assalta prima le montagne più piccole e raggiungerai il tuo milione. Il risultato è valsa la pena.

Nell'imprenditorialità, tu stesso decidi dove muoverti, tu stesso determini il tuo percorso verso l'alto. Qualsiasi area scelta può portarti un sacco di soldi. È possibile guadagnare un milione di euro scambiando semi? Certamente.

Se vendi semi all'ingrosso, vendi semi al dettaglio attraverso i supermercati. Certo, è possibile guadagnare un milione di Euro. La cosa principale in ogni idea è la sua implementazione e ciò che sei disposto a sacrificare per il bene di essa.

Conclusione su questa prima parte del libro su come guadagnare un milione di Euro

Speriamo che tu abbia capito che tutto ciò che è reale è possibile e tutto ciò che è possibile è reale. Pertanto, se hai l'obiettivo di guadagnare un milione di Euro, trova la tua strada e segui il tuo sogno.

Dovrai cambiare te stesso, cambiare la tua vita e fare molto per avere successo. Sei pronto a rinunciare alle cattive abitudini e coltivarne di buone? Sei pronto a correre dei rischi e a non mollare? Il successo arriva a chi non ha paura delle difficoltà, si alza quando è difficile e lavora molto.

Perché le persone scalano le vette e rischiano la vita, qual è il punto? Lo fanno per dimostrare a se stessi che è possibile scrivere il loro nome nella storia. Questa è la strada e il superamento di se stessi sulla via della meta. Una persona non cambia quando ha raggiunto la cima, cambia mentre la raggiunge.

La vita ordinaria è molto monotona, ma la vita di un imprenditore ti costringe a cercare costantemente opzioni e superare te stesso di fronte alle difficoltà. Grazie a questo si ottiene una crescita graduale, che porta al guadagno di un milione di Euro. Vivere in uno stato di costante incertezza e mancanza di stabilità non è da tutti. Ma se ritieni che funzionerà, ti auguriamo successo.

"Puoi ottenere tutto ciò che vuoi nella vita se puoi aiutare un numero sufficiente di persone a ottenere ciò che vogliono."

Pertanto, cerca di non arrenderti sulla strada per il tuo sogno. Abbiamo una sola vita e tu hai tutte le possibilità per renderla interessante, ricca e appagante.

Tutti i cambiamenti nella tua vita sono nella tua testa. Se pensi di farcela, puoi; se pensi di non farcela, hai ragione. Tutto dipende da te, dai tuoi pensieri e dalla tua attitudine al successo. Il percorso per un milione di euro è stato percorso decine, migliaia, centinaia di migliaia e milioni di volte da persone diverse. Se hai davvero bisogno di un milione di euro, allora ci riuscirai.

APPUNTA DELLE TUE CONSIDERAZIONI QUI

UN MILION DI EURO CON GLI IMMOBILI

Raggiungere l'obbiettivo di un Milione di euro con le attività immobiliari

Fino a questo punto abbiamo visto come guadagnare un milione di euro con le proprie forze e capacità imprenditoriali e organizzative.

Torniamo a ribadire che non esiste un modo facile per fare soldi, tantomeno quelle farlocche che vogliono appioppare sui social. Uno dei modi per diventare ricchi, anzi ricchissimi, è il mondo immobiliare che ci offre numerose opportunità.

Da sempre il mattone è il lavoro più redditizio del mondo, senza pensare a tutto ciò che gira tra il mercato immobiliare e l'imprenditoria edilizia.

Diventare agente Immobiliare non è semplice. Quindi, continuando questa guida per raggiungere il successo di diventare milionari, vogliamo mettere dentro questo nostro calderone questa guida per diventare milionari con le agenzie immobiliari.

Dobbiamo iniziare col dire che ci sono due tipi di conoscenza dell'agente immobiliare. Cosa dovrebbe sapere e che tipo di conoscenza hanno effettivamente gli intermediari.

Per tipo di attività, negli ultimi 15 anni abbiamo a che fare con intermediari immobiliari e agenti immobiliari. E possiamo dire molto sulla loro conoscenza in questo settore.

Se un agente immobiliare chiede molti soldi per il suo lavoro, deve fornirti un servizio di qualità.

Allora scopriamo cosa dovrebbe sapere un agente immobiliare per lavorare nel mercato degli affitti e delle vendite immobiliari. Nei nuovi edifici e nel mercato secondario.

Conoscere la propria zona immobiliare

È positivo quando un agente immobiliare vive nella stessa zona in cui lavora e svolge le sue attività. Vive metà della sua vita e sa cosa e dove si trova. Quindi sarà in grado di dire alla persona i vantaggi e gli svantaggi.

Ma non è sempre così. Spesso i non locali vanno a lavorare come intermediari e devi capire le specificità di una certa area già nel corso del lavoro.

Come già detto, raggiungere un milione di euro con questa attività è possibile in poco tempo. Tutto dipende da te e dalle tue capacità.

Per un lavoro di successo, un agente immobiliare dovrà conoscere non solo l'area stessa, ma anche le case che vi si trovano. Prima di iniziare a scegliere un appartamento o portare un cliente a uno spettacolo, devi almeno avere un'idea approssimativa di cosa si trova e dove. Quali strade sono richieste e in che modo differiscono.

La prima cosa che l'intermediario deve scoprire è dove si trova la casa, che tipo di appartamento, disposizione, stato di manutenzione.

Deve visitare lui stesso l'appartamento prima di guidare il cliente. Assicurati che sia adatto al cliente in termini di parametri e non sprecare il suo tempo invano.

Ma con questo punto, è difficile per gli intermediari. Non fanno mosse inutili in anticipo. Infatti, nel 95% dei casi, un agente immobiliare viene e vede il proprietario per la prima volta nella sua vita, così come l'appartamento stesso. Già sul posto agisce in base alla situazione.

Un buon agente immobiliare non lo fa. Sa che è meglio visitare il sito in anticipo e studiarlo prima di guidare il cliente. Pertanto, l'ubicazione della casa deve essere studiata non solo sulle mappe, ma anche per sapere realmente dove si trova la casa e cosa c'è nelle vicinanze.

È positivo che abbiano trovato una casa, e se l'appartamento è adatto anche in termini di parametri, allora è generalmente eccellente.

Perché spesso gli agenti immobiliari portano ad appartamenti completamente inadatti. Invece di un appartamento di 2 stanze al piano intermedio, possono mostrare un appartamento di 3 stanze al primo o un appartamento di una stanza all'ultimo piano della casa.

Tali casi accadono sempre. Perché gli stessi intermediari di solito non sanno esattamente dove stanno conducendo il cliente. Sanno che c'è un appartamento, ma di solito non si sa che tipo di ristrutturazione abbia e dove vadano le finestre. Al posto del tuo desiderio di una finestra sul cortile, puoi facilmente andare a guardare un appartamento con finestre sulla strada a 5 corsie.

Questo viene fatto per offrire al cliente una scelta di opzioni e cibo per il confronto. Di solito, non portano immediatamente all'opzione più adatta, perché una persona ha bisogno di confrontare e pensare a qualcosa per prendere una decisione per l'acquisto o l'affitto.

Una delle 10 opzioni è solitamente adatta a tutti gli effetti e una persona interrompe la sua scelta su di essa. La proiezione dell'appartamento, che il mediatore vede per la prima volta nella sua vita, avviene solitamente in silenzio. Questa categoria di agenti immobiliari tace. Cosa può dire una persona dell'appartamento, dei vantaggi e degli svantaggi, se l'agente immobiliare stesso è presente per la prima volta. Qui tacciono con tatto. Comunque non ti diranno niente di utile.

La seconda categoria di intermediari è loquace. Portano qualsiasi assurdità, solo per vendere. Parlerà ugualmente di un buon appartamento e di uno cattivo.

Ma tutto è in termini generali. Non conosce l'area delle stanze e i parametri dell'appartamento. Ma sa parlare bene e distrarre dalla visione. L'importante è creare una buona impressione e ricevere una commissione dopo la transazione. Non importa nient'altro.

Ma la versione ideale di un agente immobiliare è quando capisce di cosa sta parlando. Prima di mostrare un appartamento a un cliente, l'agente immobiliare deve preparare e conoscere le risposte a tutte le domande di interesse.

Un buon agente immobiliare dovrebbe conoscere tutte le informazioni sull'appartamento, e sapere sempre dove ottenere le risposte a tutte le domande.

Gli agenti immobiliari forniscono solo servizi di informazione. Inoltre, tutti i problemi con i documenti ricadono sull'acquirente. Quindi, si spera, ora hai capito cosa dovrebbe sapere un agente immobiliare e cosa sa veramente.

Se impari e metti a disposizione le tue forze su questo settore, allora il milione di euro, il tuo sogno, non è assolutamente lontano. Infatti, le provvigioni in questo tipo di lavoro sono altissime, tanto alte da poterti permettere una vita da nababbo.

La conoscenza per il lavoro di un agente immobiliare non richiede tanto sacrificio, ma una perfetta conoscenza del proprio lavoro, soprattutto un forte senso per gli affari e una preparazione nella lingua italiana che permette di avere sempre una buona impressione verso l'acquirente.

APPUNTA DELLE TUE CONSIDERAZIONI QUI

Quanto guadagnano gli agenti immobiliari

Come abbiamo detto fino adesso, le provvigioni sono altissime, tante volte sono più di quello che immagini. Molte volte sono anche decise dall'andamento del mercato immobiliare, ma questo è un settore che conosce poco la crisi.

Quindi, se ti stai chiedendo quanto guadagna un agente immobiliare nel 2023, allora partiamo subito con i numeri.

I guadagni dell'agente immobiliare sono costituiti da percentuali di transazioni completate. Quando vende, di solito riceve il 3-5% del costo dell'alloggio. Un agente immobiliare guadagna circa 2.000 € da un appartamento da 50.000 €. Al momento dell'affitto, gli intermediari prendono dal 50 al 100% di commissione sul costo di un mese di residenza.

Un agente immobiliare può lavorare per se stesso o può lavorare per un'agenzia immobiliare. Di seguito esamineremo la differenza di guadagni e condizioni di lavoro in entrambi i casi per capire meglio come arrivare al nostro sogno di un milione di euro.

Stipendi degli agenti immobiliari

A causa dei guadagni instabili nelle agenzie immobiliari, c'è un grande turnover di agenti immobiliari. I siti di ricerca di lavoro pubblicano costantemente annunci di ricerca di lavoro per le persone nell'agenzia. Non tutti guadagnano, ma quelli che padroneggiano la professione.

L'esperienza non è necessaria. La conoscenza non è necessaria. Promettono di insegnare tutto. Non hanno bisogno di altro che della voglia di lavorare e offrono uno stipendio da 1000 a 1300 euro.

Ottime condizioni di lavoro, si potrebbe pensare. Ma gli intermediari guadagnano esclusivamente dalla commissione dell'affitto o della vendita.

Lo stipendio dipende dalla città. Più grande è la città, più appartamenti e opportunità per guadagnare un agente immobiliare. L'agenzia ti dà l'opportunità di lavorare con il tuo marchio e guadagnare. Sia l'agente immobiliare che l'agenzia ne traggono vantaggio: ognuno ottiene la propria percentuale. L'agente immobiliare deve cercare sempre di avere un ampio campo di attività. Puoi trovare la tua specializzazione in diversi segmenti della vendita e dell'affitto di immobili. Il reddito netto di un agente immobiliare dipende dal fatto che lavori per se stesso o collabori con un'agenzia.

La sua percentuale netta di guadagni dalla transazione dipende da questo.

AD ESEMPIO:

- Vendita sul mercato secondario - 2-5% del costo
- Cerca clienti per appartamenti in nuovi edifici - 2-7% del costo
- Vendita di locali commerciali - 2-7% del costo
- Affitto di spazi commerciali - 50-100% del costo
- Affittare appartamenti e case - 50-100% del costo
- Vendita di immobili e terreni suburbani - 2-6% del costo

I guadagni non sono stabili e dipendono dagli sforzi, dall'esperienza e dalla fortuna.
Gli intermediari alle prime armi guadagnano meno, quelli esperti di più. Con l'esperienza arriva la comprensione di come creare fiducia e rendere un affare più redditizio.

Un agente immobiliare può guadagnare sulle operazioni di compravendita immobiliare, oppure sull'affitto mensile o giornaliero. Allo stesso tempo, l'agente immobiliare guadagnerà più dell'intermediario di una città importantissima.

Se diventi un agente immobiliare in nero o un ladro di appartamenti, puoi guadagnare decine di migliaia di Euro, ma come abbiamo ribadito sin dall'inizio, questa non è la strada giusta per vivere sereni e senza problemi. Quindi, escludiamo le attività che non sono legali, perché non vogliamo beccarci 10 anni di carcere.

Ricordate sempre che più è grande la città, l'esperienza e gli sforzi, maggiori sono i guadagni. Gli agenti immobiliari esperti vedono immediatamente il loro cliente e conducono l'acquirente alla fine della transazione.

Sulla vendita di appartamenti nel mercato secondario, i guadagni sono maggiori rispetto all'affitto. Da un appartamento, lavorando in proprio, l'intermediario può guadagnare il 5% del suo valore.

Per un appartamento da 30.000, sono 1.500 Euro. Potrebbero non esserci transazioni al mese o potrebbero esserci 1-2 transazioni. Sulla base di questo, puoi guadagnare 0 o 1500 €, o forse 5000. Dipende dall'abilità, dall'esperienza e dalla capacità di lavorare con un cliente e guadagnare denaro da esso. Abbiamo considerato l'opzione che l'intermediario lavori per se stesso e venda appartamenti sul mercato secondario. Ma non tutti hanno conoscenze ed esperienza sufficienti per vendere appartamenti da soli. Pertanto, gli agenti immobiliari di solito lavorano nelle agenzie.

Quando si vendono appartamenti in nuovi edifici, è più redditizio per un agente immobiliare lavorare tramite un'agenzia immobiliare. Senza un partner non potrà vendere appartamenti. Perché devono esserci accordi di cooperazione ufficiali con lo sviluppatore e una persona giuridica registrata. Gli sviluppatori pagano la percentuale massima solo alle aziende - persone giuridiche. Ci sono opzioni quando gli sviluppatori collaborano con agenti immobiliari privati, ma in questo caso pagano una percentuale molto piccola ed è più redditizio lavorare tramite un'agenzia. Senza un partner di agenzia, l'agente immobiliare riceverà l'1-2% della transazione. E attraverso l'agenzia fino al 4-5%.

La percentuale all'agente immobiliare è diversa per tutti. Di solito è dal 35 al 60% dell'importo totale della commissione. Tutto dipende sempre dall'esperienza lavorativa e dal numero di transazioni al mese. Dopo un anno di lavoro, lo stipendio dell'agente immobiliare raggiunge il 50% della commissione totale sulla transazione. Questo sembra un bel traguardo per arrivare al nostro obbiettivo di un milione di euro.

Continuiamo questo nostro viaggio cercando di capire meglio questa forte opportunità per diventare ricchi. Ogni agenzia ha la sua percentuale e le sue condizioni per lavorare con gli agenti immobiliari. È più redditizio per un intermediario lavorare per un'agenzia a causa dell'ampia base immobiliare e del supporto in tutte le fasi. Sebbene la percentuale di guadagno sia inferiore, puoi provare a concludere più affari ed avere dell'entrate davvero importanti.

Considera la vendita di immobili come la forma di reddito più redditizia. Di seguito è riportata la cifra di quanto riceve l'agente immobiliare in caso di transazione andata a buon fine.

- Il **10%** della commissione totale sarà guadagnato dall'intermediario, se ha semplicemente inserito l'appartamento nel database e lo ha venduto tramite la sua agenzia.

- **dal 30 al 60%** se lo metti nel database e lo vendi tu stesso.
- **fino al 60%** , se inserito nella banca dati, ha concluso un contratto di vendita in esclusiva e lo ha venduto lui stesso.

In totale, puoi guadagnare una percentuale davvero astronomica. Dopo aver effettuato 2 telefonate, mostrando l'appartamento e guidando il cliente all'acquisto. Resta solo da non perdere la commissione sulla transazione e il gioco è fatto.

Alcune agenzie hanno costi aggiuntivi obbligatori per l'agente immobiliare. Dal suo importo, le commissioni possono prelevare denaro per pubblicità, manutenzione dell'ufficio, incasso di denaro e altre spese.

Un agente immobiliare può perdere fino al 10-20% dei suoi guadagni. Alcune aziende prendono un 10% fisso per la pubblicità e il 5% per le tasse. Alcuni prendono un importo fisso da ogni transazione fino a 200 EURO. Tutte le condizioni sono diverse. Ma questo non toglie che le attività immobiliari restano le più redditizie nonostante alcuni costi obbligatori che tante volte ci obbliga lo Stato a pagare.

Quindi, concludendo il nostro percorso, lavorare come agente immobiliare può far guadagnare moltissimi soldi. Tutto dipende dalle conoscenze, abilità e capacità di vendere. L'importante è riuscire a trovare un cliente e convincerlo a fare un affare tramite te.

Gli agenti immobiliari cercano acquirenti e inquilini in vari modi. Sui siti di annunci, attraverso conoscenti, attraverso i social network, ecc. Non importa dove puoi trovare un cliente, ma se lo trovi, puoi guadagnare soldi su di esso.

Non è il lavoro più difficile, ma non è nemmeno il più facile. Il successo è raggiunto dal 10 percento degli agenti immobiliari. Guadagnano dai 2 ai 5 mila euro al mese. Il resto conduce da 0 a 1-2 transazioni al mese e guadagna circa mille euro.
Se vuoi diventare un agente immobiliare, scegli un'agenzia con la più alta percentuale di commissione sul mercato. Quindi guadagnerai di più.

Esistono due modi per sviluppare eventi quando si acquista e si vende un appartamento.

L'acquirente può fare tutto da solo e quindi nessuno deve pagare nulla.

Il secondo modo è contattare ancora un agente immobiliare e fare tutto tramite lui. È molto difficile trovare un buon agente immobiliare, perché la zona è molto competitiva e di solito non vince il più intelligente e il più esperto, ma il più sfacciato e agile.

Ora sai quanto guadagnano gli agenti immobiliari e puoi trarre una conclusione da solo. Devi entrare a far parte di questo sistema o è meglio starne fuori. In ogni caso, tutti possono guadagnare sugli immobili se c'è un acquirente e gli agenti immobiliari guadagnano molto bene. Buona fortuna con le tue vendite e con il tuo sogno di un milione di euro.

APPUNTA DELLE TUE CONSIDERAZIONI QUI

Come diventare imprenditori da zero: guida interessante di partitaiva.it

di Maria Saia

Gli **imprenditori e le imprenditrici** più fortunati in Italia hanno, in molti casi, ereditato la ditta di famiglia: un obiettivo in parte programmato, che alle volte può anche essere percorso raggiungendo risultati più grandi di quelli dei propri genitori.

Ciò non significa, in automatico, che questa ambizione sia prerogativa di pochi privilegiati: è possibile **diventare imprenditore anche partendo da zero e senza laurea**: tuttavia servirà mettere in piedi un progetto solido e realizzarlo con impegno.

Se hai questo sogno nel cassetto e ti senti pronto a trasformarlo in realtà, nella nostra guida su **come diventare imprenditore** potrai avere indicazioni sugli step da seguire, idee utili e alcuni consigli fondamentali.

Come diventare imprenditore: l'idea giusta

Sia nell'ipotesi in cui deciderai di iniziare facendo il libero professionista, quindi **aprendo la partita IVA**, sia qualora avessi l'intenzione di **avviare una start up innovativa**, non potrai arrivare lontano se prima non avrai individuato **l'idea giusta**.

Quando si parla di idea giusta, per chi deve esserlo? **Intanto per te**, in quanto dovrebbe sicuramente trattarsi di un'idea che possa essere in linea con quelli che sono i tuoi interessi e le tue aspirazioni, oppure un'attività nella quale ti senti particolarmente talentuoso.

L'idea dovrà al contempo essere **giusta per gli altri**: non potrai proporre un progetto nuovo se non c'è almeno una piccola percentuale di persone che potrebbe esserne potenzialmente interessata.

Allo stesso modo, sarà molto difficile riuscire a sbaragliare la concorrenza che è impegnata da decenni in una determinata attività, senza **portare almeno un briciolo di innovazione** al suo interno, rendendola migliore.

Studia la concorrenza e analizza il tuo pubblico

Dopo aver edificato le fondamenta della tua **attività imprenditoriale partendo da un'idea**, è molto importante iniziare ad **analizzare i competitor** che sono già presenti sul mercato.

Questa fase è essenziale e ti servirà a mettere a fuoco:

- quali sono i motivi principali per i quali i competitor sono particolarmente apprezzati dal pubblico in una determinata attività;
- eventuali lacune e pecche, che potrebbero essere migliorate.

L'analisi della concorrenza **non servirà a trovare spunti da copiare.** Al contrario rappresenta un utile esercizio per riuscire a tirare fuori **soluzioni innovative e migliorative** rispetto a quelle già disponibili sul mercato.

Deve essere inoltre presente uno **studio del proprio target di riferimento**: quanti anni hanno i potenziali clienti? Quali sono i motivi che li potrebbero spingere a preferire il tuo progetto rispetto a uno già esistente, nello stesso settore? Elabora una lista di domande e componi il tuo ipotetico pubblico in base alle risposte che troverai.

Come diventare imprenditore: il business plan

Il **business plan** ti permette di mettere nero su bianco le soluzioni che hai trovato effettuando le azioni appena descritte, ovvero l'analisi della concorrenza e quella del mercato al quale vorresti rivolgerti.

Nel business plan sarà descritto con grande precisione il tuo progetto, con annessi prodotti e servizi che si vorrebbero commercializzare sul mercato, le **strategie di marketing** da adottare per promuoverli e la **pianificazione economica**.

Non potrai infatti andare molto lontano se non avrai anche un **piano finanziario**: se non disponi di capitali iniziali, devi trovare una soluzione per reperirli. Oltre ai finanziamenti per le start up e per i nuovi progetti imprenditoriali, potresti anche sfruttare la **potenza del crowdfunding**.

Oggi sono infatti disponibili diverse piattaforme che possono darti uno spazio in più per dare visibilità al tuo progetto e trovare i capitali necessari a promuoverlo. Se, invece, vorresti puntare direttamente su un prestito, oltre che sui tradizionali finanziamenti concessi dalle banche, ci sono anche piattaforme attraverso le quali si possono **stipulare prestiti tra privati**.

Partita IVA e aspetti fiscali

Quando si prevede di avviare un'impresa, quindi diventare imprenditore, la prima cosa a cui pensare a livello burocratico è l'**apertura della Partita IVA:** si tratta di un obbligo di legge per tutti coloro che decidono di avviare una attività continuativa nel tempo.

La **Partita IVA** andrà a determinare anche il versamento delle imposte, ovvero delle tasse che tutti i lavoratori autonomi e le imprese devono versare allo stato sui redditi percepiti dall'attività specifica. In base al regime fiscale specifico, e al tipo di attività che si decide di avviare, si dovranno corrispondere determinati importi allo stato.

Per procedere all'apertura della Partita IVA, alla scelta del **codice ATECO** che identifica il tipo di attività, e alla scelta del corretto regime fiscale, si consiglia di rivolgersi ad un esperto commercialista. Il pagamento delle imposte sui guadagni derivati dall'attività svolta è un obbligo di legge, per cui in mancanza di tali versamenti si può incorrere nel rischio di evasione fiscale, ed essere sanzionati.

Per quanto riguarda il **regime fiscale,** attualmente è possibile accedere al regime forfettario, che consente di ottenere un sostegno iniziale per la nuova attività, che riduce le imposte al 55 per i primi cinque anni. Questo regime fiscale è particolarmente vantaggioso anche per i periodi successivi, con **tassazione al 15% sul reddito** imponibile. Tuttavia si può rientrare in questo regime fiscale unicamente se il fatturato è inferiore a 65.000 euro annui.

Partita IVA e versamento dei contributi

Oltre alle imposte da versare allo stato, l'imprenditore che apre una Partita IVA e avvia una nuova attività deve anche considerare l'obbligo di **versamento dei contributi a fini previdenziali.** Per alcuni professionisti autonomi esistono specifiche casse previdenziali, mentre in tutti gli altri casi è necessario rivolgersi all'INPS.

Anche per questo passaggio è consigliato rivolgersi ad un **commercialista** che conosce tutti gli obblighi che un imprenditore deve seguire. Riassumendo, l'imprenditore ogni anno provvede al versamento di una certa somma di denaro, in base al fatturato guadagnato, da destinare da un lato al pagamento delle tasse, dall'altro ai contributi INPS per cumulare la pensione.

Se l'imprenditore decide di avvalersi dell'aiuto di **lavoratori dipendenti**, vanno rispettate le normative italiane contrattuali per lo svolgimento del lavoro, e l'imprenditore si dovrà occupare anche di versare gli stipendi, le imposte e i contributi per i lavoratori subordinati.

Come diventare imprenditore: marketing e networking

Se vuoi raggiungere il tuo pubblico, dovrai anche ideare, con il supporto di professionisti del settore, un **piano di marketing e di comunicazione**. Dovrai dunque definire:

- quali sono i tuoi obiettivi di marketing e in quanto tempo vorresti raggiungerli;
- il linguaggio da utilizzare in relazione al tuo target, che potrebbe essere molto diverso a seconda che tu voglia parlare ai giovanissimi, a un pubblico eterogeneo o a un gruppo più specifico.

A questo punto, dovrai iniziare a **fare networking**: ti servirà, infatti, una rete di persone, che potrai costruire anche a partire da social network come LinkedIn, con le quali dialogare e che ti potranno permettere di raggiungere obiettivi per te molto interessanti, come ad esempio quello di metterti in contatto con **potenziali investitori**.

Ti consigliamo, inoltre, di partecipare a webinar ed eventi che ti diano la possibilità di conoscere nuove persone e, tramite il passaparola, di far arrivare il tuo progetto a un numero sempre più alto di persone interessate.

Comincia e impara dagli errori

Lanciare sul mercato il tuo prodotto o servizio è un momento decisivo: ti permetterà infatti di capire se tutto quello che hai fatto fino a quel momento è stato eseguito nel modo corretto e se sei riuscito a trovare un'idea che possa piacere a un determinato pubblico, oppure un modo diverso per usufruire di un servizio che è già disponibile sul mercato.

Se hai fatto centro, **si metterà in moto un circolo virtuoso**: i primi clienti cominceranno a parlare bene di te e ne attireranno altri. Se invece dovesse accadere il contrario, potrebbe essere il caso di rivedere qualcosa.

Ti sarà molto utile **imparare dalle critiche** e dai feedback, capire nel minor tempo possibile cosa è andato storto e non è stato particolarmente apprezzato, in modo tale da riuscire ad applicare delle correzioni e riportare la tua attività imprenditoriale nella giusta direzione.

Come diventare un imprenditore: le *soft skills*

Oltre a eventuali competenze tecniche che potranno tornare utili in particolari ambiti, quello che fa la differenza e rende la figura di un imprenditore una sorta di guru nel campo in cui opera sono le cosiddette **soft skills**.
Si tratta di **doti relazionali** che non possono mancare per realizzare l'obiettivo di diventare imprenditore. Un bravo imprenditore, possiede infatti di solito:

- **ottime doti comunicative**, anche in una lingua straniera;
- **empatia verso gli altri e fiducia in sé**;
- capacità di risolvere i problemi e buona resistenza allo stress (soprattutto nei momenti iniziali, le difficoltà non saranno poche e potresti sentirti sotto pressione);
- **pensiero laterale, visione e immaginazione**, oltre alla capacità di riuscire a vedere una prospettiva più ampia. In altri termini, la pianificazione, da sola, non basta: è necessario continuare ad

imparare e informarsi per correggersi e migliorarsi nel tempo;

- **flessibilità**, necessaria per adattarsi a situazioni non previste, e una certa attitudine alla gestione del rischio.

Se da un lato ci sono qualità che sono praticamente innate, ce ne sono altre che **si possono coltivare o apprendere,** come per esempio le conoscenze linguistiche o l'**arte del public speaking** (il parlare in pubblico).

Come diventare imprenditore: libri consigliati

Potrebbe essere utile, in questa fase iniziale, acquistare dei libri che potrebbero darti ulteriori **spunti e idee su come diventare un imprenditore di successo.** Te ne suggeriamo 5 per iniziare:

1. *Codice Montemagno – Diventa imprenditore di te stesso grazie al digital* (Marco Montemagno);
2. *Come allenarti a diventare un imprenditore di successo* (Andrea Maurizio Gilardoni);
3. *Da zero a uno. I segreti delle startup, ovvero come si costruisce il futuro* (Peter Thiel);

4. *Da dipendente a imprenditore: La tua nuova vita in 4 semplici passi* (Daniele Cammarone);
5. *Come diventare un imprenditore di successo* (Dario Abate).

Come diventare imprenditore
Domande frequenti

Cosa bisogna studiare per fare l'imprenditore?
L'università non è un obbligo per chi vuole fare l'imprenditore, ma è consigliato studiare in un corso di management. Scopri quali sono i passaggi per diventare imprenditore in questa guida.

Come diventare un imprenditore partendo da zero?
Il punto di partenza consiste nell'elaborazione di un business plan, all'interno del quale dovrà essere contenuto anche un piano finanziario per riuscire a trovare i finanziamenti iniziali, nel caso di budget ridotto per partire.

Che tipo di attività imprenditoriale conviene aprire oggi?

Ad oggi ci sono diverse possibilità che riguardano l'apertura di una attività imprenditoriale, specialmente in ambito digitale. Anche con poco budget iniziale è possibile diventare imprenditori avviando una attività online.

INDICE DEL LIBRO